ANSELM GRÜN

Warum ich in der Kirche bleibe

ANSELM GRÜN

Warum ich in der Kirche bleibe

Vier-Türme-Verlag

Inhalt

Stand der Dinge

Durch die Missbrauchsstudie der Erzdiözese München-Freising ist nicht nur die Kirche, sondern auch die Gesellschaft erschüttert worden. Die Kirche muss sich dieser Erschütterung und Beschämung stellen. Aber sie darf sich davon nicht lähmen lassen. Und sie darf sich nicht einreden lassen, dass sie ein Auslaufmodell sei und die Kirche ihre Bedeutung in der Gesellschaft verlieren würde.

Gegen diese pessimistische Grundhaltung, die nicht nur in den Medien, sondern teilweise auch in der Kirche transportiert wird, möchte ich einige ermutigende Impulse geben, trotz allem in der Kirche zu bleiben. Daher möchte ich kurz einige Möglichkeiten nennen, wie die Kirche als Institution und der einzelne Christ oder Christin auf diese Situation antworten kann.

Die Kirche soll und muss das Unrecht aufarbeiten, das in ihr geschehen ist. Aber sie darf nicht in der Schockstarre verharren und nur darüber jammern, wie schlimm alles ist. Statt in das allgemeine Jammern einzustimmen, möchte ich daher ermutigende Gedanken darlegen, die dafürsprechen, in der Kirche zu bleiben und die Kirche zu erneuern.

Das Betrauern
des Leids

Die erste Aufgabe der Kirche ist es, alles aufzudecken, was an Unrecht durch sie geschehen ist. Nur was aufgedeckt wird, so sagt es der Epheserbrief, kann vom Licht erleuchtet werden (Epheser 5,13).

Dann gilt es, zu betrauern, dass so viele Kinder und auch Erwachsene durch Vertreter der Kirche sexuellen Missbrauch oder sexuelle Übergriffe erlebt haben. Und es gilt, das Leid der Opfer zu betrauern, mit den Opfern zu fühlen und sich für die Opfer einzusetzen. Statt die Täter zu schützen, wie es in der Vergangenheit leider oft geschehen ist, sollte sich die Kirche um die Opfer kümmern und ihr Leid lindern helfen. Die Opfer sehnen sich danach, dass ihr Leid anerkannt und gesehen wird und dass die Täter nicht weiter über sie triumphieren dürfen. Daher braucht es auch eine angemessene Bestrafung der Täter.

Alexander und Margarete Mitscherlich haben in ihrem Buch »Die Unfähigkeit zu trauern« festgestellt: Eine Gesellschaft, die das Unrecht nicht betrauert, das in ihrer Mitte geschehen ist, erstarrt. Das war beispielsweise in der Nachkriegszeit des Zweiten Weltkriegs so in Deutschland. Die Kirche sollte daraus lernen und durch das Betrauern hindurch wieder ihre eigene Lebendigkeit finden.

In den letzten 31 Jahren habe ich in der Abtei Münsterschwarzach im Recollectio-Haus – eine Einrichtung für Ordensleute, Priester sowie kirchliche Mitarbeiterinnen und Mitarbeiter, die in eine Krise geraten sind – viele Männer und Frauen begleitet. Darunter waren immer wieder auch solche, die selbst Opfer geworden waren. So habe ich ihr Leid hautnah miterlebt. Ich weiß, wie tief missbrauchte Menschen verletzt worden sind.

In der Begleitung war mir immer wichtig, die Verletzungen der Opfer zu würdigen und mit ihnen zu fühlen. Aber zugleich war für mich klar: Ich kann jemanden nur begleiten, wenn ich darauf hoffe, dass seine Wunden – wie Hildegard von Bingen sagt – in Perlen verwandelt werden.

Natürlich weiß ich, dass das oft ein schmerzlicher Prozess ist, der lange dauert. Aber auch die schwerste Verletzung kann verwandelt werden. Das habe ich oft erleben dürfen. Und nur wenn ich aus dieser Hoffnung heraus Menschen begleite, darf ich darauf vertrauen, dass auch die verletzten Menschen Hoffnung schöpfen.

Etwas zu betrauern bedeutet, nicht im Schmerz über das Leid der Opfer stecken zu bleiben, sondern durch den Schmerz hindurch in den Grund der Seele, beziehungsweise in Bezug auf die Kirche in den Grund ihres Wesens zu gehen. Betrauern heißt auch: Abschiednehmen von den Illusionen, die sich die Kirche oft genug über sich gemacht hat, von der Illusion einer heiligen und frommen, einer fehlerfreien und perfekten Kirche. Sie ist – wie es Papst Franziskus in einem Interview formuliert hat – ein »Feldlazarett«. Das meint: Sie ist nicht nur dazu da, die Verletzungen der Menschen zu heilen, sondern auch ihre eigenen Wunden zu verbinden. Erst wenn ich Abschied nehme von Illusionen, kann ich mich selbst, kann sich die Kirche realistisch sehen als eine Gemeinschaft von Menschen, die danach streben, aus dem Geist Jesu zu leben, die aber immer auch Menschen mit Fehlern und Unzulänglichkeiten, mit Sehnsüchten und Süchten bleiben.

So macht das Betrauern die Kirche demütig, denn sie kann sich nicht mehr über die übrigen Menschen stellen. Vielmehr soll sie hinabsteigen in die Abgründe, die sich in ihr auftun, damit auch diese vom Geist Jesu durchdrungen werden. Dann wird sie fähig, mit beiden Füßen auf der Erde zu stehen. Das meint ja das Wort »Demut«, lateinisch *humilitas*: dass wir mit dem *humus*, mit der Erde in Berührung sind.

Die Gründe des
Machtmissbrauchs erforschen

Es gibt heute viele Gründe, warum Menschen aus der Kirche austreten. Die Aufdeckung des sexuellen Missbrauchs ist nur einer von vielen. Da gibt es die Weigerung, den Frauen ihre angemessene Rolle in der Kirche zu geben, die Entwertung der Frauen durch Priester, eine Sexualmoral, die mit der Realität unserer Gesellschaft nichts mehr zu tun hat, kein Verständnis für unterschiedliche sexuelle Orientierungen, das Nichtzulassen zur Eucharistie für wiederverheiratete Paare.

All diese Gründe haben jedoch ihre tiefste Ursache in einem Missbrauch der Macht. Die Macht wurde in der Kirche allein den Klerikern zugestanden. Das Machtpotenzial, das in den verschiedenen klerikalen Positionen sichtbar wird, hat dazu geführt, dass sich viele Menschen davon angezogen fühlten, für die das ein wichtiges Kriterium ihres Lebens und Arbeitens war. Leider auch viele, die damit aufgrund ihrer Persönlichkeit nicht damit umgehen konnten. Das führte dann dazu, dass sie ihre Macht missbraucht haben. Daher müssen die Machtstrukturen in der Kirche reflektiert und von missbräuchlichen Tendenzen befreit werden. Denn sexueller Missbrauch ist immer auch Missbrauch der Macht.

Durch die Klerikalisierung gelangen Priester an große Macht. In der Gemeinde beispielsweise dreht sich alles um ihn. Früher wurde er von den Gläubigen häufig regelrecht auf einen Sockel gehoben. Und er selbst hat sich über die Laien gestellt. Die Rolle des Priesters war gerade für Menschen anziehend, die an einem Mangel an Selbstwertgefühl litten. Denn eine solche Rolle verheißt diesen Menschen eine hohe Geltung. So können sie ihren Mangel ausgleichen. Doch das führt nicht zu wirklichem Selbstwertgefühl, sondern nur zu einem geliehenen, auf Kosten der Rolle. Menschen mit mangelndem Selbstwertgefühl – so hat schon der österreichische Arzt und Psychotherapeut Alfred Adler festgestellt – missbrauchen ihre Macht. Sie werden autoritär. Unter diesem autoritären Verhalten von Priestern haben viele Gläubige gelitten.

Daher ist es wichtig, in der Ausbildung der Priester auf das Thema Selbstwertgefühl großen Wert zu legen. Es braucht menschliche Reife, um der Versuchung der Macht zu widerstehen.

Neben der äußeren Macht, die dem Priester qua Amt verliehen und zugesprochen wurde, kam ergänzend hinzu, dass er auch sozusagen innere Macht über die Menschen hatte. Denn als Seelsorger oder Beichtvater genoss er bei den Gläubigen ein großes Vertrauen. Gerade auch viele Ministranten schauten zum Priester auf, erlebten ihn manchmal sogar als Ersatzvater. Umso schwerer wiegt es dann, wenn diese Macht des Vertrauens missbraucht wird. Zudem werden so die Missbrauchten – nicht nur Ministranten, sondern alle, die dieses Vertrauensverhältnis zum Priester hatten – in ihrer Faszination für das Heilige schwer enttäuscht. Sie können nicht mehr an das Heilige glauben. Ihre ganze Lebensgrundlage bricht zusammen.

Der bekannte Schweizer Psychiater Carl Gustav Jung nennt noch einen anderen Grund für den sexuellen Missbrauch: die Identifizierung mit einem archetypischen Bild. Archetypische Bilder sind Symbole, die im Unbewussten jedes Menschen bereitliegen und menschliche Grunderfahrungen ausdrücken. Sie bringen uns in Berührung mit den heilenden Quellen unserer Seele. Sie zentrieren uns auf unseren inneren Kern, auf das wahre Selbst, und wirken so heilend auf uns ein. Archetypische Bilder bringen uns in Berührung mit den Fähigkeiten, die Gott uns geschenkt hat. Und sie zentrieren uns, führen uns in die Mitte, zu unserem Selbst.

Das archetypische Bild des Priesters steht beispielsweise für die helfenden, heilenden, prophetischen Anteile in einem Menschen. Doch wenn ich mich mit dem archetypischen Bild des Priesters, des Seelsorgers, des Propheten, des Helfers, des Heilers identifiziere, dann werde ich blind für meine eigenen Bedürfnisse. Dann lebe ich unter dem Bild des Propheten und des Verkünders des Wortes Gottes mein eigenes Bedürfnis nach Rechthaberei und Macht aus. Oder ich lebe unter dem Bild des Helfers und Heilers mein eigenes Bedürfnis nach Zuwendung und Nähe und meine sexuellen Bedürfnisse aus. Daher müssen wir lernen, mit den archetypischen Bildern gut umzugehen und uns davor hüten, uns mit ihnen zu identifizieren.

Eine andere Ursache des sexuellen Missbrauchs ist die Verdrängung und oft genug auch die Verteufelung der Sexualität, wie sie in Kirchenkreisen lange üblich war. Wenn ich die Sexualität als etwas Schlechtes bekämpfe, wird sie immer stärker in meinen Fokus rücken. Denn das, was ich bekämpfe, entwickelt in mir eine Gegenkraft. Gerade die Unterdrückung der Sexualität hat diese in vielen Priestern wachgehalten, anstatt sie zu verwandeln. Das hat dann dazu geführt, dass unter dem Deckmantel des archetypischen Bildes vom Seelsorger und Helfer die eigenen unterdrückten sexuellen Bedürfnisse an Kindern und anderen Schutzbedürftigen ausgelebt wurden.

Sexueller Missbrauch kann daher in Zukunft nur verhindert werden, wenn die Kirche einen anderen Umgang mit der Sexualität lehrt, nämlich dass sie sie als gute Gabe annimmt, die uns lebendig macht, die in die Kreativität hineinfließen möchte. Dann brauchen wir sie nicht heimlich auszuleben und damit Menschen tief zu verletzen. Die Sexualität wird dann vielmehr zu einer Quelle der Spiritualität, wie es uns die Mystiker und Mystikerinnen im Mittelalter vorgelebt haben.

Die Antwort
der Kirche

Der synodale Weg ist eine Initiative von Menschen in der Kirche mit dem Ziel, an den Strukturen der Kirche zu arbeiten und sie mehr an den Gläubigen, an den Menschen in der Kirche und ihren Bedürfnissen heute zu orientieren. Das ist sicher ein wichtiger Weg.

Aber darüber darf der spirituelle Weg nicht übersehen werden. Die Kirche sollte die Krise, in die sie geraten ist, auch als spirituelle Herausforderung annehmen. Was nicht bedeutet, dass sie nicht auch über ihre Strukturen nachdenken sollte.

Da wäre in erster Linie an einem neuen Priesterbild zu arbeiten. Papst Franziskus kritisiert die Klerikalisierung als große Gefahr für die Kirche. Darunter versteht er die Überhöhung des Klerikers, der sich über andere stellt und daher die Gläubigen oft willkürlich behandelt. Der Priester sollte dagegen wirklich das sein, was das archetypische Bild des Priesters meint: Hüter des Heiligen, geistlicher Begleiter der Menschen, Seelsorger.

Der Zugang zum Priesteramt sollte neu bedacht werden. An erster Stelle steht dabei die Freistellung des Zölibats. Der Zölibat ist zwar nicht ursächlich für den Missbrauch verantwortlich, aber er hat ihn zumindest gefördert. Die Ehelosigkeit ist ein hohes Gut, das nicht aufgegeben werden sollte. Aber es sollte dem Priester freigestellt sein, ehelos zu leben oder zu heiraten. Das wäre auf jeden Fall ehrlicher. Denn das Gebot des Zölibats führt häufig dazu, dass es nur äußerlich erfüllt wird, indem Priester allein bleiben, aber ihre Beziehungen dann heimlich leben.

Dann ist die Frauenfrage heute dringlich. Es gibt keine theologischen Gründe, Frauen vom Priesteramt auszuschließen. Um den Weg dorthin zu gehen, braucht es allerdings Geduld. Und vermutlich kann er nicht gleichzeitig von der ganzen Kirche gegangen werden. Da sollte die Ortskirche eine größere Freiheit bekommen. Der naheliegende Weg ist zunächst die Weihe von Frauen zu Diakoninnen und dass Frauen in der Kirche mehr

Führungsaufgaben und verantwortliche Stellen erhalten.

In jedem Fall kann es sich die Kirche nicht leisten, auf die Fähigkeiten der Frauen zu verzichten, die Bibel auf neue Weise auszulegen, die Botschaft Jesu in einer neuen Sprache zu verkünden und die Führungsaufgabe auf andere Weise wahrzunehmen.

Genauso wichtig wie die Strukturen ist meiner Ansicht nach die spirituelle Erneuerung der Kirche. Sie muss demütiger aus der Krise hervorgehen. Sie darf den Gläubigen nicht durch Moralisieren ein schlechtes Gewissen einimpfen. Vielmehr sollte sie zuerst auf die Menschen und ihre Bedürfnisse und Fragen hören. Nur dann kann sie eine Sprache finden, die die Herzen berührt, die Wunden heilt, anstatt Wunden aufzureißen, eine Sprache, die aufrichtet, anstatt zu beugen, die in die Weite führt, anstatt in die Enge.

Wer in der Kirche das Wort Gottes verkündet, muss zuerst auf die Sehnsucht der Menschen hören und an diese Sehnsucht glauben. Doch um dies tun zu können, muss ich mich meiner eigenen Sehnsucht stellen.

Manchmal hört man in der Kirche die Klage, dass die Menschen heute nicht mehr glauben oder dass sie religiös »unmusikalisch« geworden sind, wie das Max Weber in einem Brief von sich bekannt hat. Allerdings hat Max Weber das selbst bedauert, während heute viele stolz darauf sind und sich so davon freisprechen, sich überhaupt mit ihrer Sehnsucht auseinanderzusetzen. Für mich ist es wichtig, an die Sehnsucht der Menschen zu glauben. In jedem Menschen ist die Sehnsucht nach etwas, das größer ist als er selbst. Viele werden das nicht mit »Gott« benennen. Und viele werden ihre Sehnsucht nicht auf die Kirche richten. Aber es ist unsere Aufgabe als Kirche, diese Sehnsucht anzusprechen. Dann werden die Menschen auch für kirchliche Rituale und Gottesdienste offen sein.

Jesus hat uns das in der Geschichte von Martha und Maria sehr deutlich vor Augen geführt (Lukas 10,38–42): Martha nimmt Jesus auf und bewirtet ihn. Maria, ihre Schwester, setzt sich dagegen einfach zu seinen Füßen und hört ihm zu. Das ärgert Martha und sie fordert Jesus auf, er solle Maria sagen, dass sie ihr helfen soll. Doch Jesus verteidigt Maria, dass auch das, was sie tut, wichtig sei. Jeder von uns hat beide Seiten in sich: die zupackende und die hörende. Oft meinen wir, wir wüssten genau, was die Menschen brauchen. Aber wir hören nicht wirklich hin, was ihre eigentlichen Bedürfnisse und Sehnsüchte sind.

Die Kirche hat in den letzten Jahrzehnten vor allem die Rolle der Martha gespielt, indem sie die Seelsorger ständig mit neuen Pastoralkonzepten überhäuft hat und glaubte, sie wüsste genau, was die Menschen brauchen. Aber sie hat an ihren Bedürfnissen vorbei gearbeitet. Daher wäre es notwendig, nun auch die Rolle der Maria wahrzunehmen, die sich einfach einmal hinsetzt und hört, was Jesus zu sagen hat.

Für die Kirche bedeutet das ein zweifaches Hören: Sie hört auf die Stimme Jesu. Was will Jesus ihr heute in dieser Situation sagen? Und sie hört auf die Menschen: Was bewegt sie heute? Was brauchen sie? Wonach sehnen sie sich? Nur dann kann die Kirche die Botschaft Jesu so verkünden, dass sie die Menschen erreicht und berührt.

In der Kirche findet sich ein unermesslicher Reichtum an spiritueller Erfahrung. Dieser zeigt sich in der Liturgie, in der Feier des Kirchenjahres und in den verschiedenen Ausprägungen von spiritueller Praxis. Carl Gustav Jung nennt das Kirchenjahr ein therapeutisches System. Denn an den verschiedenen Festen werden verschiedene archetypische Bilder dargestellt.

Wenn die Kirche die Feste des Kirchenjahres so erklärt, dass sie die tiefste Sehnsucht der Menschen nach Heilung und nach einem gelingenden Leben ausdrücken, dann hat die Kirche eine wichtige Aufgabe in unserer Gesellschaft. Sie sollte einen Raum schaffen, in dem die Menschen mit ihrer spirituellen Sehnsucht in Berührung kommen und sie auf eine Weise ausdrücken können, die ihnen heute entspricht. Aber das verlangt auch, dass sie ihnen den spirituellen Reichtum der Liturgie nahebringt, indem sie die Bedeutung der Rituale und Feste erklärt und so feiert, dass die Herzen der Menschen berührt werden.

Der jüdische Philosoph Max Horkheimer hat erkannt, welche heilende Wirkung die Kirche für die Gesellschaft hat, wenn sie solche spirituellen Räume schafft. Er meint, die Kirche habe mit ihren Ritualen und Gottesdiensten die Aufgabe, die Sehnsucht nach dem »ganz Anderen« in der Gesellschaft wachzuhalten. Damit leiste sie einen wichtigen Beitrag zu ihrer Humanisierung. Denn eine gesellschaftliche Ordnung und Verwaltung hat in ihrer Grundlegung immer totalitäre Züge. Sie möchte alles über den Bürger wissen, strebt den »gläsernen Bürger« an. Zudem erkennen wir heute, dass auch die Meinungsbildung durch die Medien totalitäre Züge annehmen kann.

Die Kirche schafft mit ihren spirituellen Räumen einen Ort des Aufatmens, an dem Menschen nicht verzweckt werden, sondern sich frei fühlen, ihre Würde erleben können.

Die spirituelle Erfahrung der Kirche drückt sich auch in der Mystik aus. Schon in den ersten Schriften der Bibel, den Paulusbriefen, wird die christliche Mystik spürbar und im Lukasevangelium und Johannesevangelium weiter entfaltet.

Paulus drückt seine mystische Erfahrung mit dem Glauben so aus: »Nicht mehr ich lebe, sondern Christus lebt in mir« (Galater 2,20). Im Lukasevangelium wird die Mystik im Bild des Lichtes und der Erleuchtung erfahrbar. Die Erleuchtung ist nicht nur Ausdruck der Gotteserfahrung, sondern sie verwandelt auch den Menschen. Sie führt ihn zu einer neuen Selbsterfahrung. So heißt es bei Lukas: »Wenn dein ganzer Körper von Licht erfüllt und nichts Finsteres in ihm ist, dann wird er so hell sein, wie wenn die Lampe dich mit ihrem Schein beleuchtet« (Lukas 11,36).

Die Gotteserfahrung führt dazu, dass jemand eine angenehme Ausstrahlung auf seine Umgebung hat. Im Johannesevangelium kommt die Mystik durch das Bild des Wohnens und des Einsseins zum Ausdruck: Jesus verspricht dem, der ihm nachfolgt: »Mein Vater wird ihn lieben, und wir werden zu ihm kommen und bei ihm wohnen« (Johannes 14,23).

Eins zu sein mit dem Göttlichen war schon die Sehnsucht, die in der griechischen Philosophie deutlich wurde. Darauf antwortet Jesus im Johannesevangelium mit den Worten: »Alle sollen eins sein: Wie du, Vater, in mir bist und ich in dir bin, sollen auch sie in uns sein« (Johannes 17,21).

Alle Jahrhunderte der Kirchengeschichte sind von mystischen Strömungen geprägt: die griechische Mystik des Einswerdens, die Mystik der Mönche, wie sie vor allem Evagrius Ponticus beschreibt, die mittelalterliche Mystik, die vor allem von Frauen entfaltet wurde, etwa von Hil-

degard von Bingen, der großen Begine Mechthild von Magdeburg, Gertrud von Helfta und vielen anderen. In Deutschland waren es Meister
Eckhart, Johannes Tauler und Heinrich Seuse,
in Spanien Teresa von Ávila und Johannes vom
Kreuz, in Frankreich Madame Guyon, die diese
Strömung bekannt machten und nach ihren Ein-
sichten lebten. Die Kirche sollte den Menschen
von heute den Reichtum dieser mystischen Tradi-
tionen neu erschließen, indem sie die Erfahrungen der Vergangenheit ins Heute übersetzt.

Meine persönliche Antwort auf die Krise der Kirche

Ich möchte einige persönliche Gründe nennen, warum ich trotz aller Erschütterung durch die Missbrauchsstudien in der Kirche bleibe. Und ich hoffe, dass das auch im Leser und in der Leserin ähnliche Gedanken wachruft. Zumindest sollen diese Gedanken Anregung sein, dass jeder für sich selbst überlegt, ob es einen Grund gibt oder was der Grund sein könnte, trotz aller Zweifel an und Schwierigkeiten mit der Kirche Mitglied zu sein und an der Veränderung zu arbeiten.

⁘⁘⁘

Als Mönch bete ich in unserem gemeinsamen Chorgebet täglich die Psalmen. Darin wird oft die Geschichte Israels geschildert. Es ist ein ständiges Auf und Ab. Gott wendet sich dem Volk zu, führt es aus Ägypten in die Freiheit, in das Gelobte Land. Doch dann fällt sein Volk aus der Beziehung zu ihm heraus und wendet sich anderen Göttern zu, zum Beispiel dem Gott des Erfolgs oder den Götzen der Macht. Immer wieder wird das Volk Israel von anderen Völkern angegriffen und häufig auch besiegt. Dann wird es ins Exil entführt. Doch Gott ist der, der immer wieder die Trümmer der zerstörten Stadt Jerusalem neu aufbaut, der seinen Bund mit Israel erneuert.

In vielen Psalmen beklagt der Beter den Zustand in seinem Land. Wir könnten das heute auf den Zustand der Kirche übertragen: »Gott, die Heiden sind eingedrungen in dein Erbe, sie haben deinen heiligen Tempel entweiht und Jerusalem in Trümmer gelegt« (Psalm 79,1). Doch zugleich hat der Beter Vertrauen, dass Gott sein Volk wiederherstellt: »Gott, richte uns wieder auf. Lass dein Angesicht leuchten, dann ist uns geholfen« (Psalm 80,4). So ist es auch in der Kirchengeschichte. Da gibt es viele dunkle Zeiten. Aber wie das Volk Israel nie aus der Zuwendung Gottes herausgefallen ist, so bleibt auch die Kirche bei allem Versagen unter dem Segen Gottes.

Trotz allem Versagen gab es in der Kirche immer wieder Neuaufbrüche und Zeiten der Erneuerung.

Auch heute sterben manche Orden aus, doch neue Gemeinschaften entstehen. Im 19. Jahrhundert, einer Zeit, in der die Kirche sehr autoritär auftrat, entstanden viele Frauengemeinschaften, die sich um Kranke und Beeinträchtigte, um alle Menschen am Rand der Gesellschaft kümmerten. Die neu entstandenen Orden haben sich der sozialen Probleme angenommen und so die Gesellschaft menschlicher und barmherziger werden lassen.

Auch in den dunklen Zeiten der Kirche gab es immer wieder leuchtende Vorbilder, Heilige, die oft selbst unter ihr gelitten haben, weil sie von ihr verfolgt, mundtot gemacht oder tatsächlich getötet wurden. Doch sie haben sich ganz und gar Gott geöffnet, sich ihm zur Verfügung gestellt und sind für viele Menschen zum Segen geworden.

Dieses Vertrauen habe ich auch heute: Mitten in dieser Zeit der Krise gibt es in unserem Land Vorbilder des Glaubens, die mich überzeugen. Da ist Ruth Pfau, die Ordensfrau und Ärztin, die in Pakistan mit ihrem Team die Lepra-Krankheit besiegt und sich für die Versöhnung zwischen Christen und Muslimen eingesetzt hat. Da ist Bischof Erwin Kräutler, der mit aller Kraft für die Indigenen in Brasilien kämpft und schon öfter mit dem Tod bedroht wurde. Und ich denke an Schwester Lea Ackermann, die sich für den Schutz der Prostituierten engagiert. Wenn ich in die Weltkirche sehe, so gibt es überall auf der Welt Christen, die für ihren Glauben einstehen und dafür sogar den Tod in Kauf nehmen. In Lateinamerika und in Afrika setzen sich viele Christen für die Armen und Unterdrückten ein. Und ich erlebe auch hier in Deutschland Ordensschwestern und -brüder, die sich in ihrem Dienst für jene einsetzen, die gesellschaftlich am Rand stehen. Ich schaue auf die vielen engagierten Mitarbeiter und Mitarbeiterinnen in den kirchlichen Diensten, die den Menschen in einer immer kälter werdenden Gesellschaft die wärmende Liebe Jesu vermitteln. Ohne diesen Einsatz so vieler Christen, die sich nicht nur für die Kirche, sondern auch für die Gesellschaft engagieren, wäre diese Welt wesentlich kälter und härter.

⸭

Ein anderer Grund, warum ich in der Kirche bleibe, ist die Liturgie mit ihrem spirituellen Reichtum. Ich liebe es, fünfmal am Tag gemeinsam mit meinen Brüdern das Chorgebet zu beten oder zu singen. Es trägt mich. Und ich fühle mich dabei solidarisch mit allen Menschen, gerade auch mit jenen, die Unrecht und Gewalt erfahren haben. Ich spüre, dass von diesem gemeinsamen Chorgebet Segen ausgeht für die Welt. Viele Menschen vertrauen darauf, dass für sie gebetet wird.

Bei einem Kurs über den spirituellen Umgang mit Krankheit meinte eine Frau, sie sei ganz berührt von den Erfahrungen, von denen einige Kursteilnehmer erzählten: dass sie sich in ihrer Krankheit getragen fühlten vom Gebet der Gemeinde und auch vom Gebet der Mönche, denen sie ihr Anliegen anvertraut hatte. Natürlich kann ich auch allein für andere Menschen beten, aber gerade das gemeinsame Gebet schafft eine Atmosphäre der Solidarität, die vor allem einsamen Menschen guttut.

⁛

Ich feiere gerne Eucharistie. Darin feiere ich immer auch meine eigene Verwandlung. Ich halte das, was mich gerade bewegt, Gott hin, dass er es mit den Gaben von Brot und Wein mit verwandelt. In der Eucharistie erfahre ich die Nähe Gottes leibhaft in den Gaben von Brot und Wein. Da erlebe ich, dass das, was die Bibel erzählt, heute an mir geschieht, dass mich Jesus heute berührt, mich aufrichtet und heilt. Und ich erlebe bei vielen meiner Kurse im Gästehaus der Abtei auch Menschen, die nicht unbedingt in der Kirche sind, aber auf einmal neu verstehen, was Eucharistie bedeutet. Sie erzählen mir dann ganz bewegt, sie seien noch nie so berührt worden wie in der gemeinsamen Eucharistiefeier während des Kurses.

Viele beklagen heute, die Eucharistie sage ihnen nichts mehr, sie gehe an ihnen vorbei. Es ist die Aufgabe des Priesters, dieses Ereignis so zu erklären und zu feiern, dass die Menschen es verstehen und sich darin wiederfinden. Es ist unsere Aufgabe als Gläubige, uns mit dem, was uns gerade beschäftigt, darauf einzulassen. Dann werden wir immer wieder Verwandlung erfahren. Ohne dass wir uns anstrengen müssen, uns zu verbessern, erleben wir eine innere Verwandlung.

⁖⊡⁖⊡⁖⊡⁖

Den Reichtum der Liturgie erlebe ich auch in den Sakramenten. Wenn ich beispielsweise mit Eltern und Paten eine Taufe vorbereite und die Riten erkläre, spüre ich oft, wie sehr sie davon berührt werden. Sie erkennen in den Gesten und Symbolen der Taufe, welche Würde das Kind hat und dass es nicht nur ihnen gehört, sondern Gott, dass in ihrem Kind ein einmaliges Bild Gottes sichtbar wird. Wenn wir die Taufe gemeinsam feiern, entsteht eine sehr persönliche und dichte Atmosphäre.

Rituale wie die Taufe machen Gefühle spürbar, die in der heutigen Zeit sonst kaum Ausdruck finden. Und sie geben uns Anteil an den Wurzeln, die uns tragen. Sie stiften Gemeinschaft. Gerade die Erfahrung von Gemeinschaft tut uns in der fortschreitenden Anonymisierung der Gesellschaft gut.

Die heilende Wirkung der Sakramente erlebe ich zudem in der Krankensalbung. Eine Frau, die bei uns in der Abtei gearbeitet hat, bat mich kurz vor ihrem Tod um die Krankensalbung im Kreis ihrer Familie. Ich lud den Ehemann und die Kinder ein, gemeinsam mit mir schweigend der Kranken unsere Hände aufzulegen. Daraus entstand eine intime Atmosphäre. Nachdem ich die Hände der Frau gesalbt hatte, bat ich die Familienmitglieder, dass jeder und jede der Mutter ein Kreuz in die gesalbten Hände zeichnen und dazu einen

Wunsch oder eine Bitte sagen möge. Die Söhne, die sonst der kranken Mutter gegenüber nie ihre Gefühle zeigen konnten, sprachen sehr persönliche Worte. Sie konnten ihre Liebe zu ihrer Mutter auf neue Weise ausdrücken. Alle Sakramente haben nicht nur einen spirituellen Reichtum. Sie führen auch, wenn sie angemessen gefeiert werden, zu einem neuen Miteinander.

Ich lese gerne die Schriften der Kirchenväter und der Wüstenväter und spiritueller und theologischer Autoren und erfahre in ihnen einen unermesslichen Schatz. Schon die frühen Zeiten der Kirche waren von Konflikten geprägt. Und dennoch haben damals viele Christen ihren Glauben verteidigt und in Kauf genommen, dass man ihnen Unrecht antut, dass sie deshalb eingekerkert, gefoltert und manchmal auch getötet wurden.

Zudem haben gerade die frühen Christen ihren Glauben gegenüber radikalen Strömungen verteidigt, die das Christentum für ihre Zwecke nutzen wollten. Sie haben um Worte, um Formulierungen und Abgrenzungen gerungen, diesem Glauben einen Ausdruck zu geben, sodass er die ursprüngliche befreiende Botschaft Jesu weiter-transportiert und dieser verpflichtet bleibt.

Das Glaubensbekenntnis ist ein Ausdruck dieses Ringens um die richtigen und rechten Worte. Wir können es heute noch sprechen, auch wenn wir die alten Worte neu auslegen müssen, sodass sie unser Herz berühren.

Wenn ich die alten Schriften lese, frage ich mich immer: Wie haben die Menschen in ihrer Zeit den Glauben verstanden, welches Bild hatten sie von Gott, von Jesus, von sich selbst? So bekomme ich immer wieder Anregungen, für mich und für die Menschen heute eine Sprache zu finden, die den Glauben als Antwort auf die Fragen unserer Zeit zum Ausdruck bringt.

⁙

Ich bete gerne die alten Gebete der Christenheit, das »Vaterunser«, das »Gegrüßet seist du, Maria«. Diese Worte sind angereichert durch die Glaubenserfahrung vieler Menschen, die mit diesen Gebeten ihr Leben bewältigt haben, auch in Zeiten von Krieg und Armut und Not.

Wenn ich das »Vaterunser« bete, denke ich immer an meinen eigenen Vater, der in der Notzeit nach dem Krieg diese Worte betete und damit Halt und Vertrauen fand, auch als er mit seinem Geschäft Konkurs anmelden musste.

Heute denke ich oft: Ich bete es als Suchender, Zweifelnder und Glaubender. Und mein Vater betet es nun als Schauender. So verbindet mich das »Vaterunser« mit meinem Vater und mit meiner Mutter, die beide dieses Gebet sehr geliebt haben. Ich bleibe in der Kirche, weil ich mich getragen weiß von den vielen Menschen, die aus diesem Glauben heraus gelebt und die Welt menschlicher gestaltet haben.

⁙

Natürlich ärgere ich mich manchmal über die Zustände in der Kirche, über autoritäre Pfarrer, über kleinkarierte Anweisungen aus Rom. Aber ich gebe diesen manchmal nicht sehr klugen Verlautbarungen keine Macht in meinem Leben. Ich traue in dieser Hinsicht meinem Gewissen und kann unterscheiden, welche Verlautbarung dem Ehrgeiz eines kirchlichen Beamten entspringt und welche vom Heiligen Geist genährt ist. Aber ich weiß auch: Nur wenn ich in der Kirche bleibe, kann ich mithelfen, dass sie sich wandelt und dass sie menschlicher wird.

Ich fühle mich in dieser Kirche nicht ohnmächtig. Ich kann dazu beitragen, als ihr Vertreter eine barmherzige und ermutigende Sprache zu sprechen, eine Sprache, die die Herzen berührt. Und ich spüre, dass es nicht nur meine Worte sind, sondern Worte, die von der Weisheit der Kirche genährt und vom Heiligen Geist durchdrungen sind, weil ich sie als ein Mitglied der Kirche spreche.

⁙⁙⁙

Ich bleibe in der Kirche, weil ich auch heute hier wunderbaren Menschen begegne, Priestern und Ordensfrauen, Seelsorgern und Seelsorgerinnen, Männern und Frauen, die sich in den kirchlichen Gemeinden engagieren und die das Leben in ihnen mittragen. Ich vertraue darauf, dass diese Christen und Christinnen, die versuchen, ihren Alltag aus dem Glauben heraus zu leben, die Kirche menschlicher machen, sie zu einem Raum machen, in dem sich viele Menschen, die an ihrem Alleinsein leiden, daheim fühlen. Ich erlebe viele suchende Menschen, die in der Kirche ihre Heimat finden, mitten in einer oft kalten Welt.

Ich bleibe in der Kirche, weil ich den Unterschied spüre, ob ich als einer spreche und schreibe, der in der großen Tradition der Kirche steht, oder als einer, der nur seine eigene Weisheit verkündet. Ich spüre die Gefahr, dass ich mich dann unter Druck setze, besonders weise Worte zu sagen und mich selbst damit in den Mittelpunkt zu stellen. So aber gebe ich eine Tradition weiter, die mich selbst nährt und von der ich glaube, dass sie auch andere heute nähren kann.

Natürlich darf ich diese Tradition nicht als einen festen Besitz ansehen. Es ist meine Aufgabe, sie weiterzuführen, die Weisheit, die in ihr steckt, immer wieder in einer neuen Sprache auszudrücken, damit die Menschen so mit der Weisheit ihrer eigenen Seele in Berührung kommen.

Ich bleibe in der Kirche, weil ich dankbar bin für die vielen schönen Bauten, die in ihrem Namen errichtet wurden. Wenn ich mich in eine romanische Kirche setze, habe ich teil am Glauben derer, die diesen Raum gebaut haben. Kirchen sind gebauter Glaube. In der romanischen Kirche erfahre ich den Glauben als ein Geborgensein in der mütterlichen Liebe Gottes. In einer gotischen Kirche, die nach oben strebt, erlebe ich einen Glauben, der mir den Himmel öffnet, der meinen Geist über alles Irdische erhebt und ihn für Gott öffnet. In einer barocken Kirche freue mich an der Schönheit und Lebensfülle. Da erlebe ich den Glauben als Bejahung des Lebens, als Freude an der Fülle des Lebens. Auch in modernen Kirchen habe ich teil am Glauben derer, die diesen Bau errichtet haben.

Gleichzeitig habe ich Anteil an den Wurzeln meines Glaubens. Ich stelle mir vor, wie viele Menschen hier in dieser Kirche gebetet haben, welche Notzeiten sie so durchgestanden haben, wie sie hier Gemeinschaft erfahren haben.

Die Kirchen prägen unsere Städte und Dörfer. Hsin-Ju Wu, die Verlegerin meiner chinesischen Bücher, erzählte mir von einem buddhistischen Philosophen, der in Paris studiert hat. Während seines Studiums in Paris hat er sich immer wieder in katholische Kirchen gesetzt und meditiert. Dabei wurde ihm die Atmosphäre des Stadtviertels rund um die Kirche bewusst. Er hat die Erfahrung gemacht: Dort, wo eine Kirche steht, ist auch die Atmosphäre im Stadtviertel positiv geprägt.

Der Arzt und Psychoanalytiker Alexander Mitscherlich sprach von »herzlosen Städten«, wie sie nach dem Krieg oft wieder aufgebaut und rasch hochgezogen wurden. Die Kirche bildet in vielen Städten das Herz. Heute stehen viele leer, werden nicht mehr genutzt, weil die Gemeinden sterben, es zu wenig Gottesdienstbesucher gibt, für die es sich lohnen würde, die Gebäude zu heizen und instand zu halten. Wenn man jedoch die Kirchen abreißt, nimmt man den Städten auch ihr Herz, es wäre ein großer Verlust, der auch die Atmosphäre in einer Stadt tiefgehend verändert.

Ich freue mich an der Vielfalt der katholischen Kirche. Da gibt es verschiedene Formen von Spiritualität: Die *benediktinische Spiritualität* zum Beispiel, für die ich stehe, wird heute von vielen Führungskräften geschätzt. Sie gehen bewusst in ein Benediktinerkloster, um aus dieser Tradition Anregungen für ihre Führungsaufgabe zu erhalten.

Die *franziskanische Spiritualität* bringt die Leichtigkeit des heiligen Franziskus in unsere Zeit. Und sie öffnet unseren Blick für die Schönheit der Natur. Ökologen schätzen diese Spiritualität und nehmen sie als Grundlage für ihren Einsatz für die Umwelt und gegen den Klimawandel.

Die *ignatianische Spiritualität* ist vor allem mit ihren Exerzitien für viele auf ihrem persönlichen geistlichen Weg eine große Hilfe geworden.

Auch in der geistlichen Begleitung hat die Kirche viel zu bieten. Da gibt es heute ein großes Bedürfnis. Wir erleben das auch in unserer Abtei: Wir können die vielen Anfragen nach geistlicher Begleitung gar nicht alle annehmen. Viele Menschen, die danach fragen, haben vorher schon therapeutische Begleitung erfahren. Aber sie spüren, dass sie mehr brauchen, etwas, das darüber hinausgeht. Wir spüren also, dass die Kirche den Menschen heute etwas zu geben hat.

Ich könnte noch viele Gründe nennen, warum ich in der Kirche bleibe. Auch wenn ich oft an ihr und ihrer konkreten Gestalt leide, liebe ich sie doch. Und ich liebe vor allem das Katholische. Damit meine ich nicht das Römisch-Katholische, also die Konfession, sondern das, was »katholisch« in seiner ursprünglichen Bedeutung meint: das All-umfassende. Denn gerade, wenn man in die Geschichte der Kirche schaut, wird die Weisheit der in diesem Sinn katholischen Kirche deutlich:

Wenn sie sich in einen neuen kulturellen Bereich integrierte, geschah das nicht, indem die Rituale und Symbole der Kultur, die man dort vorfand, einfach abgeschafft wurden. Stattdessen nahm man die Sehnsucht der Menschen ernst, die darin zum Ausdruck kamen, und »taufte« sie gleichsam, indem man ihnen eine christliche Form und eine christliche Antwort gab.

Ausblick

Wir sollten die Erschütterung, die uns alle erfasst hat, nicht vorschnell spirituell überspringen. Wir sollten uns erschüttern lassen, manche Grundlagen unseres Kircheseins in Frage stellen lassen. Aber wir sollten zugleich auf all das schauen, was in der Kirche liebenswert ist.

Mir liegt es nicht, auf Bischöfe oder Priester zu schimpfen. Ich halte es da mit den Wüstenmönchen. Sie sagen mir: »Wenn du einen siehst, der gesündigt hat, dann sage dir: Ich habe gesündigt.« Ich weiß, dass ich selbst nicht perfekt bin. Daher nehme ich das zu verurteilende Verhalten von Priestern und Bischöfen immer als Spiegel, um mich selbst darin anzuschauen und in aller Demut zu bekennen: Das bin ich ja selbst.

Ich möchte niemanden verurteilen, den ich nicht kenne. Ich folge dem heiligen Augustinus, der – ähnlich wie der hl. Benedikt in seiner Klosterregel (vgl. RB 64,11) – sagt, wir sollen die Sünde hassen, aber den Sünder lieben.

Natürlich kann das Opfer den Sünder nicht lieben, der seine Sünde verleugnet, anstatt sie zu bereuen und, soweit das geht, wiedergutzumachen. Daher muss die Kirche als Institution die Missbrauchstäter der gerechten Strafe durch den Staat übergeben, anstatt sie – wie es leider lange Zeit geschehen ist – auf Kosten der Opfer zu schützen. Aber ich persönlich halte es mit den Worten, mit denen Jesus mich als diesen fehlbaren Menschen ermahnt: »Richtet nicht, damit ihr nicht gerichtet werdet!« (Matthäus 7,1).

Und ich nehme die ständige Mahnung der frühen Mönche ernst, wie sie mir in einem Väterspruch begegnet: »Der Altvater Poimen bat den Altvater Joseph: ›Sage mir, wie ich Mönch werde.‹ Er antwortete: ›Wenn du Ruhe finden willst, hier und dort, dann sprich bei jeder Handlung: "Ich – wer bin ich?" Und richte niemand!‹« (Apophthegmata Patrum 385).

Das ist für mich ein guter Weg, trotz aller Erschütterung innere Ruhe zu finden. Ich frage mich immer: Ich – wer bin ich? Wer bin ich, dass ich über andere richten möchte? Wer bin ich? Was steckt in mir an Gefahren, vom Weg abzukommen?

Die Ruhe, von der Abba Poimen spricht, ist nicht ein Vertuschen der Schuld. Die Schuld des Missbrauchs muss geahndet werden. Aber Poimen weist mir persönlich und vielleicht auch Ihnen, lieber Leser, liebe Leserin, einen Weg, mitten in dieser aufgewühlten Zeit doch immer wieder zur inneren Ruhe zu finden.

In dieser Ruhe gebe ich mich nicht mit dem Zustand der Kirche zufrieden. Aber aus dieser inneren Ruhe heraus werde ich die Kirche wirksamer erneuern und verwandeln als durch aufgeregtes Agieren.

Das wünsche ich Ihnen, lieber Leser, liebe Leserin auch, dass Sie all das, was Sie über sexuellen Missbrauch und andere Themen, die Sie vielleicht empören, hören und lesen, nicht verdrängen, dass Sie aber – wie Jesus und die Mönche uns auffordern – dennoch einen Weg zur inneren Ruhe finden.

Die großen Mystikerinnen Hildegard von Bingen (1098–1179), Mechthild von Magdeburg (1210–1294) und Hadewijch von Anvers (1230–1260) haben es uns vorgemacht. Sie haben heftige Kritik an den Zuständen der Kirche in ihrer Zeit geübt und sind zugleich den mystischen Weg zur inneren Ruhe gegangen. Die Ruhe, in die uns der spirituelle Weg der Mystik führt, lullt uns nicht ein, sondern befähigt uns, das anzusprechen, was die Kirche verdunkelt, und zugleich Licht in das Dunkel zu bringen.

Vielleicht hilft Ihnen der Blick auf diese spirituellen und zugleich kirchenkritischen Frauen, dass Sie trotz des in manchen Bereichen desolaten Zustandes der Kirche genügend Gründe finden, in ihr zu bleiben, damit diese Kirche immer mehr die Kirche Jesu Christi wird, die vom Geist Jesu, vom Geist der Barmherzigkeit und Milde, vom Geist der Liebe und der Hoffnung geprägt wird.

Literatur

Alexander Mitscherlich, Die Unwirtlichkeit unserer Städte. Thesen zur Stadt der Zukunft, Frankfurt am Main 1970.

Max Horkheimer, Die Sehnsucht nach dem ganz Anderen, Aachen/Hamburg 1971.

Alexander und Margarete Mitscherlich, Die Unfähigkeit zu trauern. Grundlagen kollektiven Verhaltens, München 1977.

Weisung der Väter, Apophthegmata Patrum, übersetzt von Bonifaz Miller, Trier, 8. Aufl. 2009.

Bibliografische Information der Deutschen Nationalbibliothek

Die Deutsche Nationalbibliothek verzeichnet diese Publikation in der Deutschen Nationalbibliografie. Detaillierte bibliografische Daten sind im Internet über http://dnb.d-nb.de abrufbar.

1. Auflage 2022
© Vier-Türme GmbH, Verlag, Münsterschwarzach 2022
Alle Rechte vorbehalten

Gestaltung: Dr. Matthias E. Gahr
Coverfoto © Julia Martin, Abtei Münsterschwarzach
Druck und Bindung: Pustet, Regensburg
ISBN 978-3-7365-0449-3

www.vier-tuerme-verlag.de